NUESTRO GOBIERNO

EL SENADOR

Sara Cucini

LIGHTBOX
openlightbox.com

LIGHTBOX

Entre a **www.openlightbox.com** e ingrese el código único de este libro.

CÓDIGO DE ACCESO

LBXD6423

Lightbox es una completa solucióndigital para enseñar y aprender temas curriculares de una manera original e innovadora. Lightbox se basa en las Normas Curriculares Nacionales.

OPTIMIZADO PARA

- ✔ TABLETAS
- ✔ PIZARRAS ELECTRÓNICAS
- ✔ COMPUTADORAS
- ✔ ¡Y MUCHO MÁS!

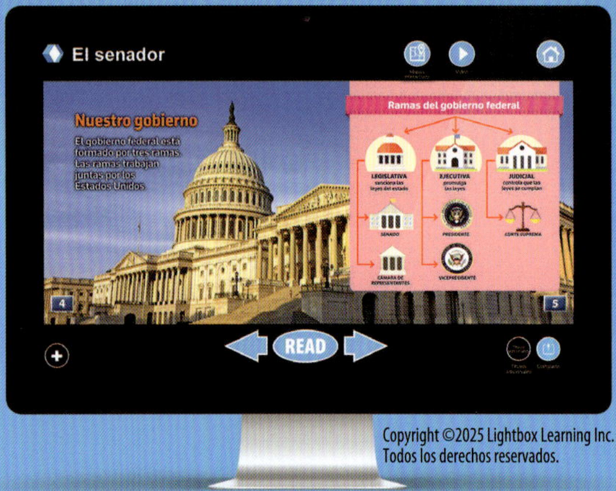

CARACTERÍSTICAS ESTÁNDAR DE LIGHTBOX

- **AUDIO** Narraciones de alta calidad con sistema de texto a voz
- **VIDEOS** Videoclips de alta definición incorporados
- **ACTIVIDADES** PDFs imprimibles que pueden enviarse por correo electrónico y calificarse
- **ENLACES WEB** Enlaces cuidadosamente seleccionados con recursos seguros para niños
- **PRESENTACIÓN EN DIAPOSITIVAS** Ilustraciones gráficas de los conceptos clave
- **MAPAS INTERACTIVOS** Mapas interactivos e imágenes satelitales aéreas
- **CUESTIONARIOS** Diez preguntas de elección multiple con puntaje automático que se envían por correo electrónico al docente para su evaluación
- **PALABRAS CLAVE** Combinación de los conceptos clave con sus definiciones

RECURSOS SUPLEMENTARIOS

- **COMPARTE** Comparte títulos dentro de tu Sistema de Gestión de Aprendizaje (LMS) o Sistema de Circulación de Bibliotecas
- **CURRÍCULO** Encuentre correlaciones curriculares Nacionales y Estatales.
- **CITAS** Crea referencias bibliográficas siguiendo los estilos de APA, CMOS y MLA

VIDEOS

ENLACES WEB

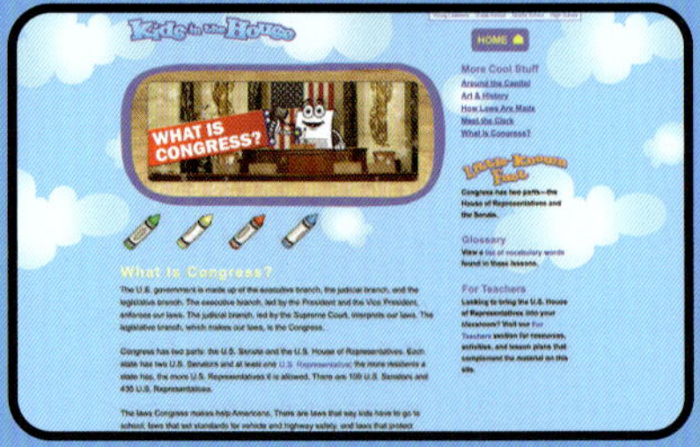

PRESENTACIÓN EN DIAPOSITIVAS

CUESTIONARIOS

Este título está incluido en nuestra suscripción digital de Lightbox

2

Suscripción en español de K–5 por 1 año
ISBN 978-1-5105-5935-6

Accede a cientos de títulos de Lightbox con nuestra suscripción digital.
Regístrate para una prueba **GRATUITA** en **www.openlightbox.com/trial**

Se garantiza que los componentes digitales de este libro estarán activos por al menos cinco años desde la fecha de publicación.

NUESTRO GOBIERNO

EL SENADOR

Contenidos

Nuestro gobierno

El gobierno federal está formado por tres ramas. Las ramas trabajan juntas por los Estados Unidos.

Ramas del gobierno federal

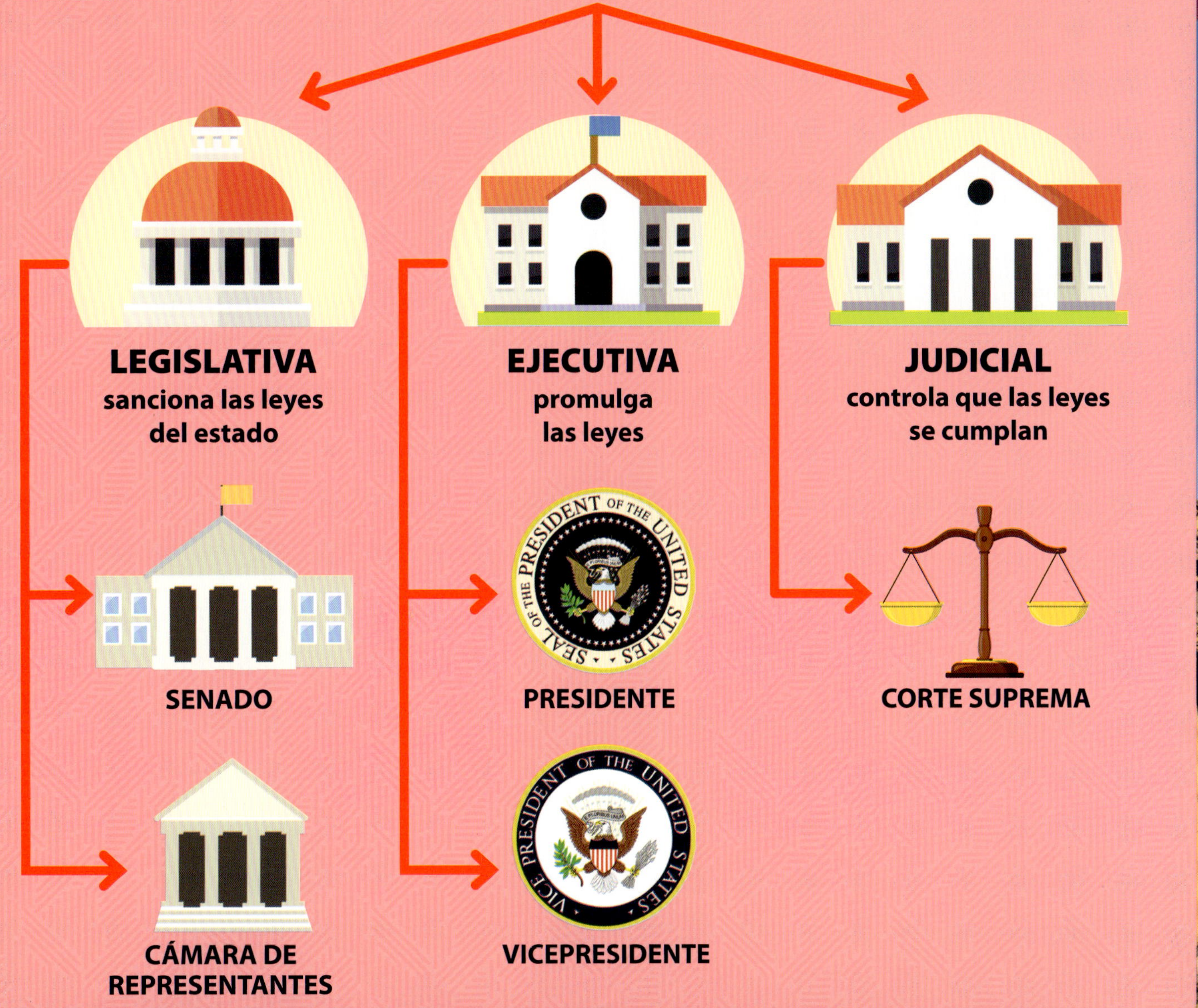

IN GOD WE TRUST

¿Qué es el Senado?

El Senado y la Cámara de Representantes conforman la rama legislativa. Juntos, crean todas las reglas, o leyes, que deben cumplir todos los ciudadanos estadounidenses. Las leyes que propone el Senado se llaman proyectos de ley.

¿Quiénes son los senadores?

El Senado está compuesto por funcionarios electos llamados senadores. Cada senador representa a uno de los 50 estados de EE.UU. Hay dos senadores por cada estado. Aunque solo representan a un estado, los senadores hacen leyes que afectan a todo el país.

La historia del Senado

El Senado estadounidense se reunió por primera vez en 1789. En ese entonces, había solo 26 senadores. Cada vez que el país incorporaba a un nuevo estado, se agregaban dos senadores más. Actualmente, hay 100 senadores en total.

Récords de los senadores

Hiram Revels (Misisipi)

Fue el primer afroestadounidense en ser electo senador, en **1870.**

Rebecca Latimer Felton (Georgia)

Fue la primera mujer senadora electa, en **1922.**

Robert Byrd (Virginia Occidental)

Fue el senador que ocupó su cargo por más tiempo, de **1959** a **2010.**

NEVADA
US SENATE
DEBATE

¿Quién puede ser senador?

No se necesita tener una educación académica específica para ser senador, pero sí se deben cumplir con tres condiciones.

1

Ser mayor de 30 años

2

Ser residente del estado al que quiere representar

3

Haber sido ciudadano estadounidense por más de nueve años

La elección de los senadores

No todos los senadores se postulan para las elecciones al mismo tiempo. Cada dos años, la gente vota para elegir aproximadamente a un tercio de los senadores. Una vez elegido, el senador o la senadora ocupa su cargo por seis años. Luego, se realiza una nueva elección para ocupar su banca en el Senado.

VOTE
VOTE

EXIT

El Capitolio de EE.UU.

Los senadores se reúnen en la Cámara del Senado, que es una sala del Capitolio de EE.UU. Allí, los senadores discuten y votan los proyectos de ley.

Washington, DC La ciudad donde se encuentra el Capitolio

288 pies La altura máxima del Capitolio de EE.UU., incluyendo a la estatua del techo (88 metros)

1859 El año en que los senadores comenzaron a reunirse en la Cámara del Senado

Tareas especiales

Además de la creación de leyes, los senadores tienen muchas otras tareas. Por ejemplo, votan para aprobar a las personas que el presidente quiere contratar para ocupar puestos importantes en el gobierno. Los senadores también pueden actuar como un jurado para decidir si un funcionario electo no ha cumplido con la ley.

EXIT
UNITED STATES SENATE

El presupuesto federal

Los senadores tienen otro rol importante. Todos los años, el Senado y la Cámara de Representantes votan el presupuesto federal. Esto significa que ayudan a decidir cómo se debería gastar el dinero del gobierno federal.

EL SENADO EN CIFRAS

2 003 personas han ocupado el cargo de senador hasta octubre de 2023.

60 mujeres han sido electas senadoras desde la creación del Senado.

18 689 votos en total emitió durante toda su carrera el senador que ocupó su cargo por más tiempo.

¿Qué has aprendido?

El Senado ayuda a crear las leyes que deben cumplir todos los ciudadanos estadounidenses.

Hay dos senadores por cada estado.

Los senadores se reúnen en la Cámara del Senado, dentro del Capitolio de EE.UU.

Los senadores pueden actuar como un jurado.

Los senadores ayudan a decidir cómo se debería gastar el dinero del gobierno federal.

NEVADA
US SENATE
DEBATE

VOTE

Published by Lightbox Learning Inc.
276 5th Avenue, Suite 704 #917
New York, NY 10001
Website: www.openlightbox.com

Library of Congress Control Number: 2024933198

ISBN 978-1-5105-8548-5 (hardcover)
ISBN 978-1-5105-8549-2 (static multi-user eBook)
ISBN 978-1-5105-8551-5 (interactive multi-user eBook)

Printed in Guangzhou, China
1 2 3 4 5 6 7 8 9 0 28 27 26 25 24

072024
112023

Designer: Jean Faye Rodriguez
Layout: Ana María Vidal
Project Coordinator: Sara Cucini
English/Spanish Translation: Translation Services USA

Every reasonable effort has been made to trace ownership and to obtain permission to reprint copyright material. The publisher would be pleased to have any errors or omissions brought to its attention so that they may be corrected in subsequent printings.

The publisher acknowledges Alamy, Getty Images, Shutterstock, and Wikimedia Commons as the primary image suppliers for this title.